15 c.mes le volume

# LE
# Complot de Toulan

ET DU

## CHEVALIER DE JARJAYES

D'APRÈS LES RÉCITS DU

Baron de Goguelat et de Lepitre

N° 51

HENRI GAUTIER éditeur 55 quai des Grands Augustins PARIS

# Bibliothèque de Souvenirs et Récits Milita...

Directeur : PAUL GAULOT.

## CONDITIONS DE VENTE :

CHEZ TOUS LES LIBRAIRES
MARCHANDS DE JOURNAUX
ET DANS LES GARES

Le Volume : **15** Centimes

Franco par la poste
en s'adressant à M. HENRI GAUTIE...
55, QUAI DES GRANDS-AUGUSTINS, PA...

1 VOLUME, . . . 20 c. | 2 VOLUMES ...
VINGT-CINQ VOLUMES. . . 4 FRANC...

## VOLUMES EN VENTE :

1 Général Baron THIÉBAULT. — D'Ulm à Austerlitz.
2 S. M. I. ALEXANDRE III. — Sébastopol.
3 JULES CLARÉTIE, de l'Acad. française. — Paris assiégé, *Champigny, Buzenval.*
4 Général RAPP. — Le Siège de Dantzig.
5 Le Gendarme M... l'Adjudant général RAMEL. — Thermidor et Fructidor (Récits de témoins oculaires).
6 GŒTHE. — *La Campagne de France, Valmy.*
7 MAURICE DE SAXE. — Mes Rêveries, *L'Armée de l'avenir.*
8 Général DE BRANDT. — Aventures d'un Polonais *au service de la France* (Guerre d'Espagne).
9 M^lle DE MONTPENSIER. — *La Fronde :* Le Combat du Faub. St-Antoine.
10 HENRI CHEVALIER. — Exploits du Corsaire Tom Souville.
11 C^tsse DE LA BOUÈRE. — La Vendée en Armes.
12 Capitaine AUBLET. — La Guerre noire. *Campagne du Dahomey.*
13 PAUL GAULOT. — Les derniers jours de Maximilien (*Mexique*).
14 HENRY HOUSSAYE (de l'Acad. française). — La Bataille de Paris en 1814.
15 Un OFFICIER DE LA 32^e DEMI-BRIGADE. — Les Héros en Guenilles (*Lodi, Arcole, Rivoli*).
16 W.-H. PRESCOTT. — La Conquête du Pérou. I. *L'Empire des Incas et la marche en avant de François Pizarre.*
17 W.-H. PRESCOTT. — La Conquête du Pérou. II. *Capture et Supplice de l'Inca. Triomphe de Pizarre.*
18 E.-A. SPOLL. — Metz. *Souvenirs de 1870.*
19 Vice-Amiral JURIEN DE LA GRAVIÈRE. — Les Voyages d'Anthony Jenkinson.
20 C^te JEAN AXEL DE FERSEN. — La Guerre d'Amérique (1780-1783).
21 L.-F. GILLE. — Les Prisonniers de Cabrera.
22 ALFRED DUQUET. — La Bataille de Solférino.
23 PAUL GINISTY. — Aux Grandes Manœuvres. *Notes d'un réserviste.*
24 UN OFFICIER DE LA 32^e DEMI-BRIGADE. — Les Français en Égypte.
25 UN OFFICIER DE LA 32^e DEMI-BRIGADE. — Bonaparte en Syrie.
26 SCHILLER. — La Mort de Gustave-Adolphe.
27 RŒDERER. — Le Peuple aux Tuileries. *Journée du 20 juin 1792.*
28 JULES CÉSAR. — La Conquête des Gaules.
29 Commandant ROUSSET. — La Victoire de Coulmiers.
30 Général MATHIEU DUMAS. — Essling et Wagram.
31 EDMOND NEUKOMM. — Sadowa *d'après les carnets du prince royal de Prusse.*
32 MAURICE LOIR. — L'Amiral Courbet en Extrême-Orient.

33 Marquis DE VOGÜÉ (*de l'Institut*). — La ...taille de Malplaquet.
34 Comte LÉON TOLSTOI. — Tableaux d... Campagne de Russie (1812).
35 ALEXANDRINE DES ÉCHEROLLES. — Un ...sode du Siège de Lyon.
36 AUG. THIERRY. — La Bataille d'Hasti...
37 ERNEST LOUET. — Pèlerinage milita... Jérusalem (Expédition de Syrie, 1860...
38 LUCIEN BONAPARTE Prince de Canino. ... Révolution de Brumaire.
39 SCHILLER. — La fin tragique de Wal...stein.
40 Général Baron DELLARD. — La dern... Campagne de Souwarow.
41 L.-A. LEPELLETIER. — Souvenirs d... Artilleur (1733-1740).
42 Marquis DE VOGÜÉ (*de l'Institut*). — La ...taille d'Oudenarde.
43 L. COUAILHAC et V. FLEURY. La Campa... d'Austerlitz.
44 TITE-LIVE. — L'Invasion Carthaginoi...
45 E. D. E. Wattignies.
46 Commandant ROUSSET. — Les Marins et ... Corps Francs en 1870-71.
47 FÉLIX BOUVIER. — L'Invasion dans ... Vosges en 1814.
48 Capitaine PERREAU. — Catinat et la ...fense du Dauphiné en 1692.
49 DULAURE. — La proscription des Gir...dins.
50 Comte DE LANGERON: *Souvenirs d'un Émig...* La bataille de Leipzig.
51 VOLTAIRE. — La bataille de Fontenoy.
52 Général LEJEUNE. — Iéna, Eylau et Fri...land.
53 Marquis DE VOGÜÉ (*de l'Institut*). — La V...toire de Denain.
54 Général RAPP (Aide de camp de l'Emper... — La Grande Armée en Russie. Dantzig à Moscou.
55 Général RAPP (Aide de camp de l'Empere... — La Grande Armée en Russie. Retraite.
56 Comte H. D'IDEVILLE. — La Prise de ... Smalah d'Abd el Kader.
57 RACINE. — La Guerre de Hollande.
58 Le Général BOGDANOVITCH. — L'Interven... Européenne en Grèce. Bataille ... Navarin.
59 E. BERTRAND, lieutenant de vaisseau. ... Marins de la Garde.
60 E. DUROC, lieutenant de vaisseau en retrai... — La Mort héroïque du Commanda... Rivière.
61 HÉRODOTE. — Les Thermopyles et Sa...mine.
62 VOLTAIRE. — La Bataille de Pultava et ... mort de Charles XII.

*Il suffit d'indiquer le numéro des Volumes qu'on désire, sans donner le titre...*

# LE COMPLOT

DE

## Toulan et du Chevalier de Jarjayes

---

### I

Après l'exécution de Louis XVI, il y eut un moment d'accalmie : les passions révolutionnaires avaient reçu par cette mort une telle satisfaction qu'elles durent s'estimer satisfaites ; la colère jacobine s'apaisa un peu, et l'on put penser que la famille royale, privée de son chef, et restée prisonnière au Temple, échapperait à de nouvelles fureurs.

Toutefois rien n'était certain dans une telle appréciation, et la populace pouvait avoir, sous le coup de mauvaises nouvelles reçues des frontières ou de l'intérieur, un réveil terrible. C'est dans cette crainte que deux hommes de cœur, d'énergie et de dévouement, se concertèrent, dès les premiers jours de février 1793, pour tenter d'arracher Marie-Antoinette et les siens à leurs geôliers et peut-être à leurs bourreaux.

Ces deux hommes, réunis par une pensée commune, étaient cependant différents sur tous les autres points : un se nommait Toulan, et l'autre le chevalier de Jarjayes.

François-Adrien Toulan était né à Toulouse en 1761 ;

[1]

## II

### Précis des tentatives
### qui ont été faites pour arracher la Reine
### à la captivité du Temple

#### PAR LE BARON DE GOGUELAT

« J'étais lié avec M. de Jarjayes longtemps avant la Révolution. Les déplorables événements qu'elle fit éclater dès son origine fortifièrent notre amitié. Unis d'opinions et de principes, remplis de respect pour le trône, d'un dévouement sans bornes pour l'excellent prince qui l'occupait, nous nous encouragions l'un l'autre à le servir. Nous savions que donner des preuves de fidélité à Louis XVI dans ses malheurs, c'était acquérir sur-le-champ des droits à la bienveillance de la Reine. Cette princesse n'ignorait pas de quels sentiments de respect et de reconnaissance Madame de Jarjayes et son mari étaient pénétrés pour elle et pour sa famille. Tant que les événements me permirent de rester en France, je fus témoin de leur zèle, et quelquefois je fus assez heureux pour le seconder de mes efforts. Une modestie bien rare, et qui n'accompagne jamais que le vrai mérite, les a toujours empêchés d'occuper le public d'eux-mêmes et des services qu'ils avaient eu le bonheur de rendre. Les vrais amis du trône mettent leur gloire à le servir plutôt qu'à s'en vanter. Tous deux, en exposant plusieurs fois leurs jours, croyaient n'avoir rempli qu'un devoir : mais le silence qu'ils s'étaient prescrit, l'amitié peut le rompre; et, depuis que M. de Jarjayes n'est plus, sa mort semble m'imposer la tâche de rendre cet hommage à la mémoire d'un serviteur fidèle.

« Aussi longtemps qu'il nous avait été possible de donner en France des preuves de notre respectueux attachement pour Louis XVI et pour la Reine, nous n'avions eu, M. de Jarjayes et moi, à l'égard l'un de l'autre, d'autre réserve que celle qui nous était prescrite par la confiance dont on daignait nous honorer, et par l'importance des missions que nous avions à remplir. Du reste nous aimions à nous communiquer, dans tous nos entretiens, nos sentiments, nos espérances et nos vœux. Nous étions séparés à l'époque des forfaits qui ont souillé l'histoire; mais lorsqu'enfin, après de si grands attentats, après de si tragiques catastrophes, après tant de périls et de si longs malheurs,

LE TEMPLE EN 1792
(D'après l'estampe dite *à la chaîne* ; musée Carnavalet)

la légitimité eut reconquis ses droits, et la famille des
Bourbons son trône, combien il fut doux pour M. de
Jarjayes et pour moi de nous retrouver dévoués encore à
la même cause et pénétrés des mêmes sentiments! Notre
ancienne amitié n'avait rien perdu de sa force, et c'est
dans les entretiens de M. de Jarjayes, dans les communi-
cations que sa respectable veuve a bien voulu me faire, que
j'ai puisé les matériaux du rapide exposé qu'on va lire.

« M. de Jarjayes, né en 1745, d'une famille ancienne et
distinguée de la province du Dauphiné, militaire instruit et
estimé, nommé par le Roi maréchal de camp, chargé en 1791
de la direction du dépôt de la guerre, perdit cette place
quelque temps après, mais n'émigra point d'abord : il avait
reçu l'ordre particulier et formel de ne point quitter la capitale.

« Après le malheureux voyage de Varennes, la famille
royale étant rentrée aux Tuileries, où elle fut en quelque
sorte constituée prisonnière, M<sup>me</sup> de Jarjayes sollicita
comme une faveur et obtint d'y être renfermée avec son
auguste maîtresse. Cette circonstance, facilitant à son
mari l'entrée au château, le mit à même de signaler son
zèle, en se chargeant d'une foule de missions délicates
et discrètes. Bientôt après, une mission plus importante
l'appela en Piémont, près de S. A. Royale *Monsieur* (aujour-
d'hui régnant). De retour à Paris, on le vit successivement
figurer au 10 août, à la Convention, dans la loge du logo-
graphe, en un mot dans toutes les occasions périlleuses
qui se présentèrent.

« La translation de Leurs Majestés au Temple déconcerta
les projets de leurs plus fidèles serviteurs, mais n'ôta pas à
M. de Jarjayes toute espérance de leur être encore utile;
cependant accablé de douleur, anéanti par l'horrible journée du 21 janvier, il était sur le point de tomber dans le
découragement et d'abandonner la France, lorsqu'un
inconnu se présente chez lui, et demande à l'entretenir en
secret (c'était le 2 février 1793). Cet homme est introduit,
conduit dans une pièce écartée, tête à tête avec le général :
son costume, le son de sa voix, ses manières, tout annonce
un révolutionnaire. M. de Jarjayes l'examine avec inquiétude et craint d'apprendre l'objet de sa visite. Tout à coup,
qu'on juge de sa surprise, cet homme se précipite à ses
pieds! C'est un coupable qui vient réclamer l'indulgence du
général, solliciter sa confiance, témoigner un repentir profond de la conduite qu'il a tenue jusqu'alors, offrir enfin de

2 février

[5]

s'entendre avec lui pour sauver les augustes prisonniers du Temple. Résigné à tout événement pour lui-même, mais tremblant qu'un mot, un geste imprudent ne livrent des têtes si chères à la fureur de leurs bourreaux, M. de Jarjayes repousse les confidences de l'inconnu. Pour preuve de sa bonne foi, celui-ci tire de sa poche un petit billet, le lui présente, et M. de Jarjayes y lit ces mots tracés par une main qu'il ne pouvait méconnaître.

« *Vous pouvez prendre confiance en l'homme qui vous parlera de ma part, en vous remettant ce billet. Ses sentiments me sont connus ; depuis cinq mois il n'a pas varié. Ne vous fiez pas trop à la femme de l'homme qui est enfermé ici avec nous ; je ne me fie ni à elle, ni à son mari.* »

« Mais qui a tracé ces lignes ? La Reine ! et quel est cet homme ? C'est *Toulan ;* Toulan si connu par son fanatisme révolutionnaire ! fanatisme qui lui a mérité la place de commissaire chargé de surveiller la famille royale au Temple ! »

[Toulan, dès la mort de Louis XVI, avait ébauché un plan pour faire sortir du Temple Marie-Antoinette, madame Elisabeth et les enfants royaux. Il s'en était ouvert aussitôt à la Reine, et lui avait demandé si elle n'avait point dans Paris un ami sûr qui pourrait compléter l'œuvre de délivrance, en les aidant à s'évader de la capitale.

Etonnée d'une telle proposition, la Reine avait d'abord refusé de croire à la possibilité d'une pareille évasion ; puis, séduite et convaincue par l'enthousiasme de Toulan, elle avait songé alors au chevalier de Jarjayes, qu'elle pensait être resté à Paris. Quel meilleur conseiller pour elle, quel meilleur complice pour Toulan pourrait-elle trouver ? Elle s'était donc décidée à faire connaître à Toulan le lieu de retraite de ce fidèle serviteur et l'avait envoyé vers lui avec le billet cité plus haut, pour enlever à Jarjayes tout soupçon sur l'individu qui le lui présenterait.]

« A peine revenu de sa surprise, M. de Jarjayes s'empressa de demander à Toulan quels moyens il pouvait avoir de réaliser son projet. Le membre de la Commune, sans expliquer entièrement ses desseins, déclara facilement qu'il aurait besoin d'être secondé par un de ses collègues, et que, si l'on pouvait parvenir à gagner cet autre commissaire, il croirait pouvoir répondre du succès. Le billet écrit par la Reine ne pouvait laisser aucun doute à M. de Jarjayes ; cependant, comme l'importance d'une telle entreprise exigeait qu'on n'agît point sans certitude, et qu'il comptait pour rien des périls qui n'atteindraient que lui, le général demanda à Toulan s'il ne pourrait pas l'introduire au Temple pour qu'il pût y parler un moment à Sa Majesté. Sans se dissimuler les difficultés d'une telle tentative, Toulan ne les regarda pas comme insurmontables, mais avant tout il pria le général de lui remettre un mot qui pût prouver à la Reine que ses vœux avaient été remplis. M. de Jarjayes n'hésita point, et, peu de jours après, Toulan lui rapporta le billet suivant :

« *Maintenant que vous êtes décidé à venir ici, il serait* « *mieux que ce fût bientôt. Mais, mon Dieu prenez bien* « *garde d'être reconnu, et surtout de la femme qui est* « *enfermée ici avec nous!* »

« Cette femme, qui excitait les soupçons de la Reine se nommait Tison. Son mari avait été placé avec elle au Temple par la Commune, pour y aider, disait-on, MM. Hue et Cléry dans leurs services, mais en réalité pour y épier les moindres actions de la famille royale. Comme avec une hypocrisie infernale, elle semblait entrer dans toutes les peines des augustes captifs, ils tremblaient que leurs amis ou leurs fidèles serviteurs, séduits par ces faux semblants d'intérêt, ne se laissassent aller à des confidences dont on aurait profité pour les perdre.

« Sous un déguisement (1) qui l'aurait rendu méconnaissable à tous les yeux, M. de Jarjayes fut introduit au Temple par Toulan ; il vit la Reine ; il lui parla. Sa Majesté lui recommanda d'écouter et d'examiner les plans d'évasion que lui proposerait le membre de la Commune ; et, dans un moment qui pouvait décider de son sort, cette excellente princesse, occupée de celui des autres, recommanda surtout à M. de Jarjayes de lui donner des détails sur ceux de ses anciens serviteurs dont ses malheurs n'auraient point refroidi le zèle.

« A peine le général avait-il quitté la Tour du Temple, que, toujours frappée de l'idée des dangers auxquels une indiscrétion pouvait exposer M. de Jarjayes, la Reine lui fit parvenir les mots suivants. Nous ne citons ce billet que pour montrer à quel point Sa Majesté craignait d'exposer ceux qui désiraient la servir :

« *Prenez garde à Mme Archi. Elle me paraît bien liée*

---

(1) Toulan avait demandé à l'allumeur de quinquets de se laisser remplacer un soir par un de ses amis, qui avait un violent désir de voir la Reine captive ; l'allumeur de quinquets y avait consenti sans défiance, et Jarjayes, revêtu de ses sales vêtements, put ainsi pénétrer près de Marie-Antoinette.

« *avec l'homme et la femme dont je vous parle dans l'autre*
« *billet. Tâchez de voir Mme Th. (1) ; on vous expliquera*
« *pourquoi ; comment est votre femme ? Elle a le cœur trop*
« *bon pour n'être pas malade.* »

« Ce seul témoignage d'intérêt de la part de leur souveraine eût suffi aux yeux de M. et de M^me de Jarjayes pour les récompenser de leur zèle. Le mari avait répondu par écrit aux demandes que Sa Majesté lui avait faites de vive voix, lors de l'entrevue du Temple. Bientôt, il reçut de Sa Majesté une lettre plus importante, la voici :

« *Votre billet m'a fait du bien. Je n'avais aucun doute*
« *sur le Nivernais (2), mais j'étais au désespoir qu'on pût*
« *facilement en penser du mal. Ecoutez bien les idées qu'on*
« *vous proposera : examinez-les bien dans votre prudence ;*
« *pour nous, nous nous livrons avec une confiance entière.*
« *Mon Dieu ! que je serais heureuse, et surtout de pouvoir*
« *vous compter au nombre de ceux qui peuvent nous être*
« *utiles ! Vous verrez le nouveau personnage ; son extérieur*
« *ne prévient pas, mais il est absolument nécessaire, et il*
« *faut l'avoir. Toulan vous dira ce qu'il faut faire pour*
« *cela. Tâchez de vous le procurer et de finir avec lui avant*
« *qu'il revienne ici. Si vous ne le pouvez pas, voyez M. de*
« *La Borde de ma part, si vous n'y voyez pas d'incon-*
« *vénient : vous savez qu'il a de l'argent à moi.* »

[« Le nouveau personnage » auquel la Reine faisait allusion était un collègue de Toulan, officier municipal comme lui, Jacques-François Lepître. « C'était un type vraiment extraordinaire. S'il n'avait ni le physique ni l'âme d'un héros, à coup sûr il en possédait l'imagination. Assemblage bizarre de bravoure, de prudence et de pusillanimité, il était tout contraste et même contradiction. Instruit d'ailleurs et laborieux, pas plus que de défauts, il ne manquait de qualités. Né à Paris le 6 janvier 1764, il avait tenu un pensionnat, rue Saint-Jacques... C'était un royaliste que le malheur des temps et une prudence bien entendue avaient transformé en républicain. A ce titre, il fut honoré des

---

(1) « On est réduit aux conjectures pour ce qui concerne les personnes désignées par ces mots : « Mme Archi » et « Mme Th. ». Pour la première, il y a de grandes vraisemblances à ce que ce soit une femme employée près des prisonniers, la lingère probablement. Quant à « Mme Th. » qui, elle, est une amie puisqu'on la met dans le complot, s'agit-il de Mme Thibaut, première femme de chambre comme Mme de Jarjayes, qui, après avoir suivi la Reine aux Feuillants et au Temple (10-13 août), après avoir été emprisonnée à la Force, avait miraculeusement échappé aux massacres de septembre ?... » *Un Complot sous la Terreur.*

(2) Le Nivernais, c'est le baron de Goguelat.

suffrages de ses concitoyens et choisi pour siéger dans la
première Commune. Les avocats étaient nombreux dans
cette assemblée. Il dut se taire ; mais, en savant professeur,
il souffrit de cette contrainte, et il s'en explique non sans
malice : « Perdu dans cette foule d'hommes avides de la
« parole, je me bornai au rôle d'auditeur, et ce n'était pas
« le moins fatigant... » Il fit partie, comme Toulan, de la
Commune du 2 décembre 1792. Il saisit les occasions pro-
pices pour renseigner les prisonniers du Temple sur ses
vrais sentiments. Il osa même témoigner à la Reine les
doutes qu'il avait sur Toulan. Elle eut la bonté de le
rassurer...

« Ces divers témoignages de respect avaient attiré
l'attention sur lui. Toulan, averti par les princesses, alla
aux renseignements, et apprit ainsi qu'il valait mieux que
les autres. Il le mit alors dans la confidence des menus
services qu'il rendait aux prisonniers, et Lepître l'aida à
l'occasion, tout fier de cette confiance et de l'importance
qu'elle lui donnait.

« Au physique, il s'en fallait qu'il fût séduisant ! Il
était même fort laid ! la taille courte, le ventre proéminent,
il manquait totalement de prestige, d'autant qu'il était,
par surcroît, affligé de claudication...

« La Reine le désigna à Toulan, comme un complice très
utile : il était, en effet, président du Comité des passeports. Son concours était ainsi plus que précieux, indispensable. » (*Un Complot sous la Terreur*).]

« M. de Jarjayes vit le commissaire et prit connaissance
des projets. On devait cacher dans la tour des habits de
municipaux ; la Reine et M^{me} Elisabeth, revêtues de ces
habits et portant l'écharpe tricolore, seraient sorties sous ce
déguisement un jour où Toulan et son collègue auraient été
de garde. D'autres dispositions étaient faites pour l'évasion
de M^{me} Royale et de son frère. Placés dans des voitures
apostées et munis de passeports en bonne forme, on eût
gagné les côtes de la Normandie et de là l'Angleterre. Rien
de tout cela n'était impraticable ; aussi M. de Jarjayes
convint-il de tout avec Toulan et son collègue ; mais le
général répugnait à l'idée de mettre encore, en s'adressant
à M. de La Borde, de nouvelles personnes dans la confidence d'un projet qu'il trouvait déjà répandu entre trop de
monde. Non content de risquer sa vie, M. de Jarjayes ris-
quait encore volontiers sa fortune. Il écrivit à ce sujet à la
Reine, qui lui répondit en ces mots :

[9]

*« En effet, je crois qu'il est impossible de faire aucune*
*« démarche dans ce moment auprès de La B., (1) toutes au-*
*« raient de l'inconvénient ; il vaut mieux que ce soit vous*
*« qui finissiez cette affaire par vous-même si vous pouvez.*
*« J'avais pensé à lui, pour vous éviter l'avance d'une*
*« somme si forte pour vous. »*

« Aucun sacrifice ne pouvait arrêter M. de Jarjayes.
L'avance fut faite. Le commissaire toucha la somme et prit
l'engagement de concourir de tout son pouvoir à l'entreprise. M. de Jarjayes reçut le lendemain le plus doux prix
de ses soins dans ces mots :

*« T..... (Toulan) m'a dit ce matin que vous avez fini avec*
*« le comm........ (commissaire). Combien un ami tel que*
*« vous m'est précieux ! »*

« La Reine eût désiré que le dévouement de Toulan fût
aussi récompensé : *« Je serais bien aise,* écrivit-elle à M. de
Jarjayes quelques jours après, *que vous puissiez aussi faire
quelque chose pour T. (Toulan). Il se conduit trop bien avec
nous pour ne pas le reconnaître. »*

« Aussi désintéressé qu'il se montrait sensible et dévoué,
Toulan ne voulut rien accepter de la Reine, qu'une boîte en
or dont elle faisait quelquefois usage... »

Lepître, au contraire, s'était fait assurer par M. de
Jarjayes contre le préjudice matériel que sa participation
au complot pouvait lui faire encourir.


## III

### Souvenirs de Jacques-François Lepître

Ces divers arrangements conclus, on s'occupa de pré-
ciser les moyens à employer pour le succès de l'entreprise.
Le baron de Goguelat les donne sommairement : il est in-
téressant de les connaître en détail. En effet, il s'agissait de
faire sortir quatre personnes de la prison, la Reine,
M^me Elisabeth, Marie-Thérèse et le petit roi Louis XVII,
c'est-à-dire deux femmes et deux enfants. Il était indispensable
de donner un appui à chacune de ces faiblesses : cela néces-
sita l'adjonction de nouveaux complices : Toulan s'assura

(1) **M.** de la Borde, à cette époque, ne se trouvait point à Paris. Il s'était ré-
ugié en Normandie ; c'est là qu'il fut arrêté l'année suivante, ramené à Paris,
condamné à mort et guillotiné le 20 juillet 1794.

le concours d'un sien cousin, nommé Ricard, que Lepître ne connut que sous le nom de Guy ; il s'entendit également, à l'insu de Lepître, avec Turgy, ancien officier de bouche au palais de Versailles et resté le plus fidèle des serviteurs dévoués au Roi et à sa famille.

Ce fut Turgy qui fut chargé du petit Louis XVII. L'enfant royal, qui n'avait pas encore huit ans, était chétif, d'un poids léger et d'une petite taille ; on devait le cacher dans une corbeille recouverte de serviettes, que Turgy emporterait.

Nous empruntons maintenant aux *Souvenirs de Jacques-François Lepître* les passages de son ouvrage contenant les détails du plan adopté :

« Nous avions fait préparer des habits d'homme pour la Reine et M^me Elisabeth, et nous les apportions à diverses reprises, soit dans nos poches, soit sur nous-mêmes, au moyen de nos pelisses. Nous leur procurions deux douillettes nécessaires pour dérober leur taille aux regards trop curieux, et rendre leur marche moins suspecte. Nous leur laissions également deux chapeaux préparés pour elles. Ajoutez des écharpes et des cartes d'entrée, telles que les avaient les commissaires de la Commune.

« Il paraissait plus difficile de faire sortir de la Tour M^me Royale et son frère. Nous en avions trouvé le moyen. Chaque jour, l'homme chargé de nettoyer les quinquets et les réverbères, venait le soir allumer dans la Tour, accompagné de deux enfants qui l'aidaient dans son travail. Il entrait à cinq heures et demie ; bien avant sept heures, il était sorti du Temple.

« Nous examinâmes avec attention le costume des deux enfants, et nous nous occupâmes à en faire préparer un semblable pour le jeune Roi et sa sœur. Par-dessus un léger vêtement, le sale pantalon et la carmagnole grossière, de gros souliers, une vieille perruque et un mauvais chapeau pour cacher les cheveux ; la figure, les mains, dans l'état propre à faire illusion. Le déguisement ainsi opéré dans la tourelle voisine de la chambre de la Reine, où Tison et sa femme n'entraient jamais, voici les moyens que nous comptions employer pour sortir.

« A six heures trois quarts, profitant du goût qu'avaient pour le tabac d'Espagne le dit Tison et son épouse, Toulan, qui le leur prodiguait pendant son séjour au Temple, leur faisait prendre un narcotique mêlé à ce tabac, et d'un tel effet, qu'à l'instant, surpris d'un sommeil profond, ils ne se fussent réveillés que sept ou huit heures après, sans avoir

cependant éprouvé aucun mal. Ce moyen, quoique inno-
cent, ne plaisait à personne ; mais nous n'avions pas le
choix ; il eût fallu l'adopter.

« La Reine eût laissé un billet pour servir à la justifica-
tion de ces deux individus. Aussitôt je sortais avec cette
princesse, vêtue en homme, et portant l'écharpe munici-
pale. La garde du Temple n'était point à craindre ; il suffisait
de montrer de loin sa carte, pour que les sentinelles ne se
dérangeâssent point ; et, d'ailleurs, la vue de notre écharpe
ôtait tout soupçon. Sortis du Temple, nous nous rendions
rue de la Corderie (1) où M. de Jarjayes devait nous attendre.
Quelques minutes après sept heures, lorsque les sentinelles étaient relevées dans la Tour, Guy, ce commis dont
j'ai parlé plus haut, au moyen d'une carte pareille à celle des
ouvriers employés au Temple, arrivait à l'appartement de
la Reine, sa boîte de fer-blanc au bras, frappait à la porte,
recevait les enfants des mains de Toulan, qui le grondait de
n'être pas venu lui-même arranger les quinquets, et s'éloi-
gnait avec eux pour les conduire à l'endroit convenu (2).
En chemin, il les débarrassait de leur grossier accoutrement. Bientôt M^me Elisabeth arrivait avec Toulan, sous le
même déguisement que la Reine, et nous partions à l'instant.

« Nos dispositions étaient telles, qu'on ne pouvait se
mettre à notre poursuite que cinq heures après notre départ.
Nous avions tout calculé. D'abord, on ne montait à la Tour
qu'à neuf heures du soir, pour mettre le couvert et servir le
souper. La Reine eût demandé qu'on ne servît qu'à neuf
heures et demie. Frapper à plusieurs reprises, s'étonner de
ne pas voir la porte s'ouvrir ; interroger la sentinelle, qui,
relevée à neuf heures, ignorait ce qui s'était passé ; des-
cendre à la salle du Conseil, faire part aux autres membres
de la surprise qu'on éprouve ; remonter avec eux, frapper
de nouveau, appeler les sentinelles précédentes ; ne recueillir
que des notions vagues ; envoyer chercher un serrurier pour
ouvrir les portes dont nous eussions laissé les clefs en
dedans ; ne réussir qu'avec beaucoup de temps et de peines,
l'une de ces portes étant de bois de chêne, et couverte de

(1) La rue de la Corderie n'existe plus sous ce nom, c'est aujourd'hui la rue de
Bretagne.

(2) Lepître, on le voit par ce passage de son récit, est en désaccord avec les
*Mémoires* de Turgy ; nous préférons accorder confiance à celui-ci, attendu que
Toulan, qui se méfiait un peu de son collègue, n'a dû lui faire connaître, des
détails de l'évasion projetée, que ce qu'il ne pouvait pas lui cacher. Il était plus
naturel de remettre le sort du petit Koi entre les mains d'un homme aussi sûr que
Turgy que de le confier avec sa sœur au nommé Guy. (Voir à l'Appendice
l'extrait des *Mémoires* de Turgy.)

gros clous, la seconde de fer, et toutes deux ayant des ser-
rures telles qu'il fallait les jeter en dedans, ou faire au gros
mur une entaille considérable; visiter les appartements,
les tourelles; secouer violemment Tison et sa femme, sans
réussir à les réveiller; redescendre à la salle du Conseil;
dresser un procès-verbal, le porter au Conseil de la Commune, qui, s'il n'eût pas été séparé, aurait perdu encore
du temps en discussions inutiles; envoyer à la police et
chez le maire, aux comités de la Convention, pour les
mesures à prendre; tout ce retard nous donnait les moyens
de hâter notre fuite. Nos passeports bien en règle, puisqu'alors, président du Comité, je les eusse arrangés
moi-même, ne nous laissaient aucune inquiétude pour la
route, tant que nous conservions la supériorité de notre
marche.

« Plusieurs conférences avaient été employées à discuter
ce projet. Sur un article essentiel, nos opinions étaient
divisées. La Reine voulait que nous partissions séparément,
mais en nous suivant de près; que nous eussions trois
cabriolets, dans l'un desquels elle eût été avec son fils et
M. de Jarjayes; Toulan aurait conduit M^me Elisabeth, et
moi M^me Royale. Je combattis longtemps ce dessein en
faisant observer que trois voitures seraient plus remarquées
dans les petites villes ou villages que nous traversions;
qu'un accident arrivant à l'une des trois, les deux autres,
forcées d'attendre, exciteraient des soupçons, ou que, si elles
continuaient leur route, il y aurait à craindre qu'on ne
s'égarât, ou que ce délai n'exposât les uns à des dangers,
les autres à des regrets plus affreux que les dangers même.
La Reine objectait qu'une berline chargée de six personnes
(Toulan eût couru devant à franc étrier) et attelée de six
chevaux, n'attirerait pas moins les regards; qu'obligés de
relayer à chaque poste, nous avions à redouter la curiosité
des habitants, et plus encore l'indiscrétion des postillons.
Elle citait la funeste journée de Varennes, dans un temps
bien différent. Trois voitures légères n'exigeraient chacune
qu'un cheval; sans avoir recours à la poste, nous étions
sûrs de trouver, à des points déterminés, les relais conve-
nables; ils seraient à la fois et meilleurs et moins fréquents;
économie du temps, sécurité plus grande, possibilité de
nous réunir dans deux voitures en cas d'accident, tout semblait devoir assurer la préférence au parti que la Reine propo-
sait. Seul de mon avis, je cédai à la majorité; mais je l'avoue,
je ne songeais qu'avec effroi au moment où l'on confierait

à mes soins le dépôt sacré dont je devais répondre. J'aurais presque dit comme Enée, lorsqu'il s'éloigne de Troie :

> « Et moi qui tant de fois avais vu sans terreur
> « Et les bataillons grecs et le glaive homicide,
> « Une ombre m'épouvante, un souffle m'intimide ;
> « Je n'ose respirer, je tremble au moindre bruit,
> « Et pour ce que je porte et pour ce qui me suit. »
>
> VIRGILE, traduction de DELILLE.

« Le but où nous tendions n'était pas encore déterminé à la fin de février. Déjà la Vendée se soulevait ; nous pouvions y trouver un asile : on y pensa d'abord ; mais la distance parut trop grande, et les difficultés trop multipliées. Il semblait plus facile de gagner les côtes de la mer du côté de la Normandie ; de nous assurer les moyens de passer en Angleterre. M. de Jarjayes se chargeait de pourvoir à tout. Nous pouvions compter sur ses talents et sur son zèle à toute épreuve. Nous avions assez d'argent pour le voyage ; et, de quelque côté que la famille royale eût dirigé ses pas, elle eût trouvé dans l'amour et le courage de plusieurs sujets fidèles tous les secours nécessaires pour faciliter son évasion.

« On juge bien que ce projet demandait encore quelques modifications. Il était cependant assez bien concerté pour en espérer le succès.

« L'exécution devait avoir lieu dans les premiers jours de mars, lorsqu'un soulèvement, organisé à dessein, amena le pillage du sucre et du café chez les marchands de la capitale, et fit arrêter, sans aucun motif, la clôture des barrières et la suspension des passeports. »


## IV

Lepître ne dit point la vérité ; la délivrance des passeports ne fut pas suspendue ; quant aux événements de Vendée, ils ne furent connus à Paris que postérieurement, dans la seconde quinzaine de mars. Ce sont là des prétextes dont il colore sa reculade. En effet, tant qu'il s'était agi de comploter, de former des plans, de tenir des conciliabules, il s'était montré plein d'ardeur ; dès qu'il fallut passer à l'action, il fut pris de peur et ne songea plus qu'en tremblant à la lourde responsabilité qu'il assumait. Bref, il hésitait, demandait qu'on attendît un instant plus propice...

Marie-Antoinette comprenait combien les retards apportés par les tergiversations incessantes de Lepître compromettaient le succès d'un projet aussi compliqué. Chaque jour qui s'écoulait diminuait les chances de réussite, et augmentait celles qu'on avait d'être découvert.

La Reine chercha, par tous les moyens en son pouvoir, à rendre à cet homme, qui avoue avoir été « épouvanté par une ombre et intimidé par un souffle » (ce qui, d'ailleurs, était une exagération, car il courait un danger réel), un peu de cette ardeur et de cette audace qu'elle voyait si grandes, si impatientes chez Toulan, chez Jarjayes, chez Turgy et chez le quatrième complice Ricard (celui que Lepître nomme Guy). Elle crut devoir s'adresser à son cœur, en même temps qu'elle attaquait sa vanité par l'endroit sensible.

Le professeur de belles-lettres, Lepître se piquait de poésie : dans les premiers jours de février, il avait apporté à la Reine une romance de sa composition, dans laquelle il faisait parler le petit Roi dans les termes de la sensiblerie alors à la mode.

La femme de Cléry avait adapté aux paroles une musique facile. On la fit apprendre à l'enfant royal, et quelque temps après, Lepître assista à une scène qu'il rapporte ainsi dans ses *Souvenirs* :

« Lorsque je revins, Sa Majesté me fit entrer dans la chambre de M^me Elisabeth. Le jeune prince chanta la romance et M^me Royale l'accompagna. Nos larmes coulèrent, et nous gardâmes longtemps un morne silence. Voici ces couplets : mais qui pourra peindre le spectacle que j'avais sous les yeux ?

« La fille de Louis à son clavecin, son auguste mère assise auprès d'elle, tenant son fils dans ses bras et les yeux mouillés de pleurs, dirigeant avec peine le jeu et la voix de ses enfants ; M^me Elisabeth debout, à côté de sa sœur, et mêlant ses soupirs aux tristes accents de son auguste neveu. Non, jamais ce tableau ne sortira de ma mémoire.

## LA PIÉTÉ FILIALE

Eh quoi ! tu pleures, ô ma mère !
Dans tes regards fixés sur moi
Se peignent l'amour et l'effroi ;
J'y vois ton âme tout entière.

Des maux que ton fils a soufferts,
Pourquoi te retracer l'image?
Lorsque ma mère les partage,
Puis-je me plaindre de mes fers?

Des fers! ô Louis, ton courage
Les ennoblit en les portant.
Ton fils n'a plus, en cet instant,
Que tes vertus pour héritage.
Trône, palais, pouvoir, grandeur,
Tout a fui pour moi sur la terre ;
Mais je suis auprès de ma mère,
Je connais encor le bonheur.

Un jour, peut-être... l'espérance
Doit être permise au malheur;
Un jour, en faisant son bonheur,
Je me vengerai de la France.
Un Dieu favorable à ton fils
Bientôt calmera la tempête;
L'Orage qui courbe leur tête
Ne détruira jamais les Lis.

Hélas! si du poids de nos chaînes
Le ciel daigne nous affranchir,
Nos cœurs doubleront leur plaisir
Par le souvenir de nos peines.
Ton fils, plus heureux qu'aujourd hui,
Saura, dissipant tes alarmes,
Effacer la trace des larmes
Qu'en ces lieux tu versas pour lui.

A MADAME ÉLISABETH.

Et toi, dont les soins, la tendresse
Ont adouci tant de malheurs,
Ta récompense est dans les cœurs
Que tu formas à la Sagesse.
Ah ! Souviens-toi des derniers vœux
Qu'en mourant exprima ton frère !
Reste toujours près de ma mère,
Et ses enfants en auront deux.

7 mars      « Ce fut le 7 mars que je reçus de la famille royale la plus douce récompense de mon zèle et de mon dévouement. La Reine et M^me Elisabeth daignèrent couper une mèche légère de leurs cheveux, qu'elles joignirent à ceux que me donnèrent Madame et le jeune Prince. Toulan avait obtenu la même faveur; il fit mettre ces cheveux en gerbes, sur une boîte : une de ces gerbes est renversée ; quatre autres debout, avec cette devise : *Tutto per loro*, tout pour eux.

[16]

« Je me fis faire une bague, dans laquelle les cheveux furent posés séparément. Elle porte pour devise ces mots que me donna Sa Majesté : *Poco ama ch'il morir teme,* « c'est aimer peu que de craindre de mourir. » Derrière on lit : *Les cheveux renfermés dans cette bague ont été donnés, le 7 m. 93, à J.-Fr. Lep. par l'ép. les enf. et la S. de L. de B. Roi de Fr.* Une plaque d'or, qui s'enlève à volonté, recouvre la gravure. »

Mais ce fut en vain. Flatté dans sa vanité, Lepître n'en devint pas pour cela plus brave, et continua à mettre en avant des prétextes plus ou moins plausibles pour ajourner l'exécution du complot.

V

Le temps passa, et l'on arriva en effet à la fin de mars ; à ce moment, les mauvaises nouvelles éclatèrent sur Paris : Aix-la-Chapelle était évacuée, le siège de Maëstricht était levé ; Dumouriez passait à l'ennemi, et la Vendée en armes redemandait son roi !

Tous ces événements eurent leur contre-coup pour les prisonniers du Temple. La surveillance devint plus étroite. Il eût été fou de songer alors à l'exécution d'un projet aussi audacieux. En frémissant de douleur, Jarjayes et Toulan durent le reconnaître. Mais s'ils ne pouvaient plus sauver toute la famille royale, ils pouvaient encore sauver la Reine, ou, du moins, le tenter. Une femme seule aurait eu chance d'échapper aux geôliers et aux espions. C'était elle la seule menacée, pensaient-ils ; celle contre laquelle se tournaient toutes les colères de la populace surexcitée, «l'Autrichienne», comme l'appelaient les patriotes dévoyés et sanguinaires.

Toulan transmit à la Reine la proposition qu'il avait concertée avec Jarjayes. Convaincue par l'éloquence entraînante du municipal, Marie-Antoinette consentit d'abord ; mais la réflexion lui montra le péril où elle laisserait ses enfants et sa belle-sœur, péril aggravé par sa fuite. Le devoir parla plus haut dans son cœur maternel que le souci de sa sécurité. Elle refusa.

Les raisons qui motivèrent cette héroïque résolution nous ont été révélées par l'historien, M. de Beauchesne, qui les tenait de la fille même de Marie-Antoinette, et qui les raconte ainsi dans son ouvrage sur *la Vie de Mme Éli-sabeth* :

« Le jour fut pris, le jour arriva... La veille au soir, la mère et la tante étaient assises au chevet du lit du jeune prince endormi. Sa sœur était couchée aussi, mais la porte de sa chambre était ouverte, et Marie-Thérèse, occupée de l'air rêveur et triste qu'elle avait vu à sa mère toute la journée, n'avait point encore rencontré le sommeil. Elle entendit ainsi les paroles que plus tard elle a répétées. Cédant au sacrifice qu'on lui avait demandé, Marie-Antoinette était donc assise auprès du lit de son fils :

« — Dieu veuille, dit-elle, que cet enfant soit heureux !

« — Il le sera, ma sœur, répondit Mme Élisabeth, en « montrant à la Reine la figure douce et fière du Dauphin.

« — Toute jeunesse est courte comme toute joie, mur-« mura Marie-Antoinette avec un serrement de cœur ; on « en finit avec le bonheur comme avec toute chose !

« Puis, se levant, elle fit quelques pas dans sa chambre, en disant :

« — Et vous-même, ma bonne sœur, quand et comment « vous reverrai-je?... C'est impossible !... C'est impos-« sible !...

« La jeune Marie-Thérèse avait recueilli ses paroles, mais ce n'est que quelque temps après que le sens lui en fut expliqué par sa tante. Cette exclamation de la Reine n'était autre chose que le rejet du moyen de salut qui lui était offert. Son parti était pris : l'amour de ses enfants l'emportait sur toute autre considération, sur les prières de sa sœur, sur l'instinct de sa propre conservation, sur la parole même donnée au dévouement de ses courageux amis. Toutefois, se reprochant presque comme un parjure une promesse qu'elle ne voulait plus tenir, elle sentit qu'elle devait des explications et une amende honorable à ces âmes généreuses, résolues à s'exposer pour elle ; et, le lendemain, aussitôt qu'elle put parler à Toulan, qui arrivait tout ému de la grande action qu'il allait accomplir :

« — Vous allez m'en vouloir, lui dit-elle, mais j'ai « réfléchi, il n'y a ici que danger : vaut mieux mort que « remords...

« Dans le cours de la journée, elle trouva encore le moyen de glisser dans l'oreille de Toulan ces paroles :

« — Je mourrai malheureuse si je n'ai pu vous prouver « ma gratitude.

« — Et moi, Madame, malheureux si je n'ai pu vous
« montrer mon dévouement... »

Restait à prévenir le chevalier de Jarjayes.

« C'est alors, dit le baron de Goguelat, que la Reine,
sourde aux représentations, aux instances de ses serviteurs, n'écoutant que son cœur, digne d'elle-même, et telle
qu'elle s'était montrée au 6 octobre, au 20 juin, au
10 août (1), écrivit ce billet, éternel et touchant monument
de sa tendresse maternelle :

« *Nous avons fait un beau rêve, voilà tout ; mais nous y*
« *avons beaucoup gagné en trouvant dans cette occasion une*
« *nouvelle preuve de votre entier dévouement pour moi. Ma*
« *confiance en vous est sans bornes, vous trouverez toujours*
« *en moi du caractère et du courage ; mais l'intérêt de mon*
« *fils est le seul qui me guide, et, quelque bonheur que*
« *j'eusse éprouvé à être hors d'ici, je ne peux consentir à me*
« *séparer de lui. Au reste, je reconnais bien votre attache-*
« *ment dans tout ce que vous m'avez écrit. Comptez que je*
« *sens la bonté de vos raisons pour mon propre intérêt, et*
« *que cette occasion peut ne plus se rencontrer, mais je ne*
« *pourrais jouir de rien en laissant mes enfants, et cette*
« *idée ne me laisse pas même de regrets.* »

« On éprouve en lisant cette lettre un sentiment inex-
primable d'admiration et de douleur, en même temps qu'un
redoublement d'indignation et d'horreur pour les monstres
qui, non contents de s'abreuver du sang d'une Reine ado-
rable, se sont encore efforcés de souiller sa cendre et de
flétrir sa mémoire, mais la vérité triomphe, les calomnia-
teurs sont confondus, et quiconque ne partage pas leur
délire convient qu'on ne vit jamais tant de vertus éprou-
vées par tant de malheurs.

« La Reine, par ce refus héroïque, ayant consommé le
sacrifice de sa vie, car sa perte était dès lors inévitable, il
ne restait plus à M. de Jarjayes qu'une dernière preuve de
dévouement à donner. Toulan, à l'aide d'une pieuse fraude,
était parvenu à soustraire à la Commune le cachet de
Louis XVI, son anneau, ainsi que des paquets de cheveux
de tous les prisonniers du Temple. Le plus vif désir des
princesses était que ces souvenirs tristes et chers à la fois,
fussent transmis par des mains fidèles à Monsieur, aujour-
d'hui régnant, et à monseigneur le comte d'Artois. La
Reine en chargea M. de Jarjayes. »

(1) Voir les n<sup>os</sup> 17 et 47 des *Récits des Grands Jours de l'Histoire* et le n° 27
de la *Bibliothèque Militaire*.

Elle lui fit en même temps passer, par Toulan, ce billet :

« *T. (Toulan) vous remettra les choses convenues pour ha... (Hamm). L'empreinte que je joins ici est tout autre chose. Je désire que vous la remettiez à la personne que vous savez être venue me voir de Bruxelles, l'hiver dernier, et que vous lui disiez en même temps que la devise n'a jamais été plus vraie.*

« *Si vous n'êtes pas content de h..., allez trouver mon neveu (l'empereur d'Allemagne), de ma part ; vous pouvez aussi, si vous voulez, voir Septeuil, qui est, m'a-t-on dit, à Londres depuis le mois d'août, et lui demander ce que vous avez payé ici pour nous, si vous en avez besoin. Il connaît ma confiance en votre femme, je pense qu'il doit vous connaître aussi ; mais, s'il est nécessaire, vous pouvez lui faire voir ceci, et lui dire ce que vous avez fait pour nous. Il nous est trop attaché pour ne pas en sentir le prix ; au reste, je m'engage à lui faire tenir compte de ce qu'il vous remettra, et j'en fais même, s'il le faut, mon affaire propre.* »

En marge : « *Dites-moi ce que vous pensez de ce qui se passe ici.* »

Dans ce billet, Marie-Antoinette, en même temps qu'elle faisait remettre à *ha.*, c'est-à-dire à son beau-frère, le comte de Provence, alors réfugié à Hamm (Westphalie), l'anneau et le cachet de Louis XVI, envoyait un dernier souvenir à l'ami des jours heureux, au comte de Fersen qui, au péril de sa vie, était rentré en France, au mois de février 1792, et était venu sous un déguisement, aux Tuileries. On voit par la suite du billet combien la Reine pensait aux sacrifices pécuniaires qu'avait faits pour elle Jarjayes, et elle désirait s'acquitter près d'un si dévoué serviteur, ne gardant que la dette de reconnaissance.

Elle lui écrivit un dernier billet : « *Adieu ! je crois que si vous êtes bien décidé à partir, il vaut mieux que ce soit promptement. Mon Dieu ! que je plains votre pauvre femme ! T... (Toulan) vous dira l'engagement formel que je prends de vous la rendre, si cela m'est possible.*

« *Que je serais heureuse si nous pouvions être bientôt réunis ! Jamais je ne pourrais assez reconnaître tout ce que vous avez fait pour nous.*

« *Adieu ! ce mot est cruel !* »

...vous remettra les
choses convenues pour ha...
l'empreinte que je joins icy
est toutte autre chose je desire
que vous laremettiés a la
personne que vous saves
etre venu me voir de bruxelles
l'hiver dernier, et que vous
lui disies en meme teins que
la devise n'a jamais été plus
vraye.

ji vous n'etés pas content
de h... ales trouver mon neveu
de ma part, vous pourrez
aussi si vous voulez voir septeuil

qui est ma ton dit a londres
depais le mois d'aoust et
lui demandes ce que vous
aves payei ay pour nous
si vous en aves besoin. il
connoit ma confiance en
votre femme je panse qu'il
doit vous connoitre aussi.
mais il est necessaire vous
pourrés lui faire voir ceci,
et lui dire ce que vous aves
fait pour nous il nous est
trop attaché pour ne pas en
sentir le prix. au reste je
m'engage a lui faire tenir
compte de ce qu'il vous
remettra et j'en fais même
s'il le faut mon affaire pr op.

Dites moi ce que vous panse deceque vous desire projesey

FAC-SIMILE

Du billet écrit par Marie-Antoinette au chevalier de Jarjayes et remis a celui-ci
par l'officier municipal Toulan (mars 1793)

## VI

« M. de Jarjayes, dit le baron de Goguelat, s'acquitta de
la mission dont il était chargé avec autant d'exactitude que
de succès ; il eut le bonheur de faire parvenir à Monsieur
les précieux gages de tendresse que lui adressait sa famille.
Son Altesse Royale les reçut avec un douloureux plaisir (1) ;
elle daigna manifester sa satisfaction au général dans une
lettre remplie des témoignages d'estime les plus flatteurs
dont puisse s'enorgueillir un serviteur fidèle. Cette lettre
est datée de Hamm, le 14 mai 1793.

*« Votre lettre, monsieur, m'a causé un plaisir indicible ;
« mais, avant de vous en parler, je vous dois un aveu.
« J'avais vu, avec autant de surprise que de peine, votre
« nom sur la liste des officiers généraux de la soi-disant
« République, et, comme les hommes ne peuvent juger que
« sur les apparences, je ne puis vous cacher que vous aviez
« perdu mon estime. Mais avec quel plaisir je reconnais
« mon erreur ! Comme vous vous êtes vengé de moi ! Com-
« bien je vous estime et combien je vous admire ! On ne
« prononce qu'avec respect le nom de Pélisson ; mais quand
« on pourra, comme je l'espère, connaître toute l'étendue de
« votre dévouement, on ne parlera plus que de vous. Mais
« c'est assez parler de votre gloire, il faut vous entretenir
« de ma reconnaissance.*

*« Vous m'avez procuré le bien le plus précieux que j'aie
« au monde, la seule véritable consolation que j'aie éprou-
« vée depuis nos malheurs ; il ne me manque plus que de
« témoigner moi-même aux êtres plus chers que ma vie,
« dont vous m'avez donné des nouvelles, combien je les*

(1) Cléry, le fidèle serviteur de Louis XVI, raconte à ce sujet, dans son
*Journal du Temple*, une scène qui ne manque point de grandeur. Il était parti
de Vienne pour se rendre en Angleterre. Il passa à Blankenbourg, dans l'inten-
tion de faire au roi Louis XVIII hommage de son manuscrit. Quand le prince
arriva à l'endroit du journal, où il est question des bijoux laissés par Louis XVI,
il chercha dans son secrétaire, et montrant avec émotion un cachet :
— Cléry, le reconnaissez-vous ? dit-il.
— Ah ! Sire, c'est le même ! s'écria Cléry.
— Si vous en doutiez, lisez ce billet, reprit le Roi.
Cléry lut en tremblant le billet écrit par la Reine. Il n'y avait plus à douter.
Son étonnement fut considérable, car tout faisait présumer que ce gage précieux
avait été ou brûlé ou mis au creuset, le 23 avril 1793, en même temps que les
rubans, les croix, décorations et divers bijoux en or et en argent trouvés par
les commissaires de la Commune, lors d'une visite dans l'appartement du feu Roi.
Et c'était le 21 janvier 1797 que Cléry retrouvait dans la main de Louis XVIII le
symbole de la royauté que Louis XVI avait voulu conserver à son fils !...

# APPENDICE

---

**Extrait des " Mémoires " de Turgy.**

« C'est dans ces entrefaites que Toulan conçut le projet hardi de faire évader du Temple Louis XVII et la famille royale. Voici, d'après mes notes, comment on devait l'exécuter. J'aurais emporté le jeune Roi dans une corbeille couverte de serviettes ; la Reine, en costume d'officier municipal, se serait présentée au guichet pour qu'on me laissât passer ; Sa Majesté serait sortie quelques instants après ; Mme Royale, revêtue d'habits semblables à ceux du fils de l'allumeur et conduite par M. Ricard, dans l'accoutrement et avec la boîte de cet artisan, et précédée par Mme Elisabeth, aussi en costume de municipal, serait sortie en même temps que cette princesse.

« Je n'ai plus de notions sur les autres mesures qui devaient être prises pour la sortie de la Tour. Je pense que l'hésitation des municipaux (je ne parle point de l'intrépide Toulan) a nui, seule, à l'exécution. »

*Le Gérant :* Henri GAUTIER.

Imp. Ed. GARNIER, 10, rue Rabuan-du-Coudray, Chartres

# Récits des Grands Jours de l'Histoire

## CONDITIONS DE VENTE

CHEZ TOUS LES LIBRAIRES
MARCHANDS DE JOURNAUX
ET DANS LES GARES
*Le Volume :* **15 Centimes.**

*Franco* par la poste en s'adressant
à M. Henri Gautier, éditeur,
55, quai des Grands-Augustins, 55, Par.
1 Volume . . . 20 c. | 2 Volumes
Vingt-cinq Volumes. . . 4 Francs.
La Collection (Cinquante-Deux Volumes).

*Il suffit d'indiquer les Numéros des volumes qu'on désire, sans donner les titres.*

## VOLUMES EN VENTE

1 Cinq-Mars et de Thou, par le vicomte DE FONTRAILLES.
2 Le Mariage de Louis XIV, par Mme DE MOTTEVILLE.
3 Deux Étapes du Retour de l'Île d'Elbe : Napoléon à Grenoble et à Lyon, par H. HOUSSAYE, de l'Académie française.
4 La dernière prison de Marie-Antoinette, relation de ROSALIE LAMORLIÈRE, serv. à la Conciergerie.
5 La peste de Marseille en 1720, par l'abbé PAPON.
6 La Réception du Czarevitch en 1782, par la baronne D'OBERKIRCH.
7 La Machine infernale de Fieschi, par MAXIME DU CAMP, de l'Académie française.
8 Les Premiers jours des États-Généraux (1789), d'après MARMONTEL.
9 La Révolution de 1830, par GERVINUS.
10 L'Affaire du Collier de la Reine, par LAFONT D'AUSSONNE.
11 La Banque de la rue Quincampoix (*Law et son système*), d'après SAINT-SIMON, DUCLOS, etc.
12 Bonaparte Dictateur (*Le Coup d'État de Brumaire*), d'après A.-V. ARNAULT.
13 La prise de la Bastille (*14 Juillet 1789*), par MARMONTEL.
14 Le Procès de Fouquet, d'après les lettres de Mme DE SÉVIGNÉ.
15 La prise de l'Hôtel de Ville (31 Octobre 1870), par ALFRED DUQUET.
16 La Première défaite de la Commune (31 Octobre 1870), par ALFRED DUQUET.
17 La Chute de la Monarchie (Journée du 10 Août 1792), par le comte ROEDERER.
18 Napoléon à Bayonne et l'aventure Espagnole de 1808, par LOUIS LABAT.
19 L'Assassinat d'Henri IV, d'après le Journal de PIERRE DE L'ESTOILE.
20 L'Empereur et le Tsar (Entrevue D'ERFURT).
21 La Dernière tentative du Prince Charles-Édouard Stuart, par VOLTAIRE.
22 Les Massacres de Septembre. Mon Agonie de trente-huit heures, par JOURGNIAC SAINT-MÉARD.
23 Une Ambassade au Siam sous Louis XIV, par le comte DE FORBIN et l'Abbé CHOISY.
24 Le Testament de Charles II d'Espagne, par le duc DE SAINT-SIMON.
25 Les Émeutes de Juillet 1789, par le baron DE BESENVAL.
26 L'Insurrection du 13 Vendémiaire, par LACRETELLE.
27 La Révolution de 1848, d'après un récit de M. THIERS.
28 Charlotte Corday et Marat.
29 L'Exposition de 1867.
30 Le Mariage de Napoléon et de Marie-Louise.
31 L'Assassinat du Maréchal d'Ancre, d'après une relation contemporaine.
32 La Jeunesse de Marie-Antoinette, par WEBER.
33 Les Empoisonnements de la marquise de Brinvilliers.
34 Le Coup d'État du Deux Décembre 1851.
35 Procès et Exécution de Charlotte Corday.
36 Le Retour des cendres de Napoléon.
37 Le Ministère Girondin du 15 Mars 1792, d'après les Mémoires de Mme ROLAND.
38 Napoléon prisonnier (De Rochefort à Sainte-Hélène), par le comte DE LAS CASES.
39 Un mois de Paris sous la Terreur, d'après le Journal DE BEAULIEU.
40 Riquet et le Canal du Languedoc, par M. DE LA LANDE.
41 La Mort de Louis XVI, d'après les Mémoires de CLÉRY et de l'abbé EDGEWORTH DE FIRMONT.
42 La Conspiration de Babeuf, par ANTOINE FANTIN-DÉSODOARDS.
43 La Fuite du Roi (*20 Juin 1791*), par M. DE FONTANGES.
44 L'Arrestation de la famille royale à Varennes, par M. DE FONTANGES.
45 Tibérius Gracchus, par MOMMSEN. Traduction nouvelle de L. BENOIST-LUCY.
46 La Conciergerie pendant la Terreur, par P.-J.-B. NOUGARET.
47 Les Journées d'Octobre (*5 et 6 Octobre 1789*), par WEBER.
48 Le Coup d'État du 18 Fructidor, d'après les Mémoires de BARBÉ MARBOIS, BARRAS, HYDE DE NEUVILLE, etc.
49 La Mort de Napoléon, par le Dr ANTOMMARCHI.
50 Le 9 Thermidor, d'après les Mémoires du temps.
51 Le Complot de Toulan et du chevalier de Jarjayes, d'après les récits du baron DE GOGUELAT et de LEPITRE.
52 La Fête de la Fédération (*14 Juillet 1790*), d'après une relation contemporaine.

Paris. — L. MARETHEUX, imprimeur, 1, rue Cassette. — 9527.